# Eco Sagrado

*Renacer desde adentro*

## *Dedicatoria*

*A mi hija, que ilumina mi vida con su sonrisa y me inspira a ser mejor cada día. Cada palabra en estas páginas es un reflejo del amor profundo que siento por ti.*

*A mi esposo, compañero de alma y de vida, por ser mi fortaleza en cada momento. Sin ti, este sueño no habría sido posible. Tu amor es el motor que impulsa cada paso de este camino.*

*A mi mamá, por su sabiduría, paciencia y amor incondicional. Gracias por enseñarme el valor de la perseverancia y por ser siempre mi refugio en los momentos difíciles.*

*A todas las almas que encuentran su camino en medio del ruido del mundo. Que este libro sea un eco de esperanza y transformación en cada vida que toque.*

*Este eco sagrado pertenece a cada uno de ustedes, porque su amor y presencia han dejado huellas imborrables en mi vida.*

*Índice de Eco Sagrado*

*Renacer desde adentro*

*1. Rompiendo Barreras: El poder está dentro de ti, esperando ser despertado.*

*2. Despertar del Poder: Cada paso que doy rompe los muros de mi destino.*

*3. Fuerza Interior: Florezco, como quien ha visto demasiada oscuridad, y ahora vuelo libre.*

*4. Renacer: Con cada grieta que se abre, se libera un nuevo poder.*

*5. Luz Inquebrantable: Las sombras no me detienen, mi luz es inquebrantable.*

*6. Resurgir: Cada caída fue una lección, y cada paso, un nuevo comienzo.*

*7. Ascenso: Hoy renazco, volando más alto que nunca.*

*8. Invencible:* Soy más fuerte de lo que pensé, más libre de lo que imaginé.

*9. Sin Límites:* Hoy florezco en luz, sin miedo, sin límites.

*10. Renacer en Luz:* Mi luz no se apaga, renazco una y otra vez.

*11. Fortaleza:* De las ruinas construí mi camino, cada paso me hizo más fuerte.

*12. Imparable:* Cada caída fue el impulso para levantarme más fuerte.

*13. Resiliencia:* Hoy me levanto, más fuerte, más libre.

*14. Alas de Fuego:* Soy mi propio fuego, mi propia luz, y nada puede detenerme.

*15. Invicta:* Cada caída me enseñó a volar más alto.

*16. Eterna:* Soy eterna en mi renacer, indestructible en mi vuelo.

17. *Transformación:* Cada fractura, una nueva luz.

18. *Poder Interno:* Mi poder nace desde el centro.

19. *Libre:* Rompo las cadenas y vuelo alto, libre, sin miedo.

20. *Fénix:* Soy el fénix eterno, volando más alto que nunca.

21. *Raíces y Alas:* Mis raíces me sostienen, mis alas me llevan lejos.

22. *Ascenso:* Cada paso me llevó más lejos de la oscuridad.

23. *Transformación Profunda:* De cada herida, nació una flor.

24. *Renacimiento:* Renazco en cada herida, florezco en cada dolor.

25. *Inquebrantable:* Soy indomable, soy eterna.

26. *Resurgir del Caos:* De las sombras saqué mi luz.

*27. Invencible ante la Tormenta:* De la tormenta, encontré mi calma, soy invencible.

*28. Evolución Constante:* Soy mi propia transformación, evolucionando con cada paso.

*29. Despertar Interior:* Cada paso me acercó a mi verdad, camino libre, guiada por mi luz.

*30. Despertar en Luz:* Dormí en las sombras, pero desperté en la luz.

## *Agradecimientos*

*Este libro no habría sido posible sin el apoyo y la inspiración de muchas personas. Con el corazón lleno de gratitud, quiero expresar mi más profundo agradecimiento:*

- *A Dios Primeramnete, A mi hija, A mi esposo, A mi mamá, por su apoyo incondicional, sus sabios consejos y su ejemplo de perseverancia. Gracias por mostrarme la importancia de la fe y el amor en cada situación.*

*Agradezco también:*

- *A mis amigos, A los lectores, que con su interés y amor por las historias dan vida a este libro.*

*Finalmente, gracias a todas las almas que, en medio del ruido del mundo, encuentran su camino hacia la esperanza y la transformación. Este libro es para ustedes, porque cada uno ha dejado una huella indeleble en mi vida.*

# Prólogo

*Escrito por Fátima Santos*

"Eco Sagrado" es más que un conjunto de palabras; es una travesía hacia lo más profundo del ser, un llamado a escuchar los ecos que habitan en nuestro interior. A lo largo de sus páginas, este libro invita a reconectar con nuestras raíces, con aquello que nos hace humanos y nos impulsa a transformar nuestras sombras en luz.

Cada historia aquí contenida refleja el poder de la memoria y el legado que llevamos con nosotros, uniendo lo ancestral con lo contemporáneo. En estos tiempos de desconexión y ruido, Eco Sagrado busca ser un espacio de introspección, donde lo cotidiano se entrelaza con lo espiritual, revelando que lo sagrado vive en cada *experiencia, en cada emoción, y en cada paso que damos hacia adelante.*

*Este libro es una invitación a detenernos y escuchar los susurros del alma, a permitir que el pasado y el presente dialoguen para encontrar un propósito más profundo. Cada lector encontrará en estas páginas un espejo, un reflejo de su propia travesía y un camino hacia la transformación personal.*

*Espero que esta obra inspire en ti la fuerza para abrazar tanto la oscuridad como la luz, y que en cada página descubras un eco que resuene con tu esencia. Bienvenido a Eco Sagrado. Que este libro sea una chispa de sabiduría y renovación en tu camino.*

## *Prefacio*

*Escribir Eco Sagrado ha sido un proceso de profunda introspección y conexión con mis propias raíces. Esta obra nació del deseo de explorar las historias que llevamos dentro, aquellas que nos transforman y nos guían, aun cuando parezcan olvidadas. Mi objetivo con este libro es invitar a cada lector a reflexionar sobre su propia travesía, a encontrar significado en los momentos de silencio y a reconocer la belleza en cada transformación, por más difícil que esta sea.*

*En un mundo que avanza rápidamente, a veces es necesario detenernos y escuchar los ecos del pasado, que aún tienen mucho que enseñarnos. Eco Sagrado no es solo una obra literaria, sino un puente entre la memoria, el presente y el futuro. A través de estas páginas, quiero compartir un camino de descubrimiento personal que inspire a otros a encontrar su propósito y a reconciliarse con su historia.*

*Este libro está impregnado de experiencias personales y aprendizajes que surgieron en los momentos más oscuros y en los más luminosos de mi vida. Cada capítulo es una ventana hacia la posibilidad de transformación y crecimiento, invitando al lector a redescubrir lo sagrado que yace dentro de cada uno de nosotros.*

*Eco Sagrado es un tributo a la resiliencia, al amor, y a la búsqueda constante del equilibrio entre lo que fuimos y lo que estamos destinados a ser. Espero que este libro toque tu corazón y despierte en ti la fuerza para abrazar tu propia historia.*

*Introducción*

*Eco Sagrado es un libro que explora la conexión profunda entre nuestras raíces, nuestra identidad y el proceso de transformación personal. A través de sus páginas, busco llevar al lector por un viaje introspectivo, donde las historias se convierten en espejos de nuestras propias experiencias y desafíos. Esta obra invita a redescubrir lo sagrado que existe tanto en los momentos de alegría como en los de adversidad.*

*El propósito de este libro es ofrecer una perspectiva que integre la memoria del pasado con las decisiones del presente, abriendo espacio para la sanación y la transformación. A medida que avanzamos en la lectura, entenderemos que cada eco de nuestra historia contiene una lección valiosa que puede guiar nuestro crecimiento personal y espiritual.*

*Cada capítulo está diseñado para despertar emociones, reflexiones y preguntas que resuenen con el lector en diferentes niveles. Los personajes y las situaciones presentadas no son meras narraciones; son símbolos de las batallas internas y los logros que todos enfrentamos en algún momento de la vida.*

*Eco Sagrado también destaca la importancia de vivir en el presente, con el corazón abierto a lo inesperado, mientras honramos las raíces que nos sostienen. Esta obra no busca imponer respuestas, sino inspirar a cada lector a encontrar las suyas propias, entendiendo que el viaje hacia la plenitud es único para cada individuo.*

*Al final de este camino, espero que cada lector descubra que dentro de sí mismo existe un eco poderoso que lo guía, una voz que siempre ha estado ahí esperando ser escuchada. Que este libro sea una oportunidad para reconectar con esa voz interior y recordar que, al igual que en la naturaleza, cada transformación es parte del ciclo continuo de la vida.*

*Bienvenido a Eco Sagrado.*
*Tu viaje comienza aquí.*

## Capítulo 1: Rompiendo Barreras

**"El poder está dentro de ti, esperando ser despertado."**

*"En el eco del silencio,
se forjan las cadenas invisibles,
pero dentro de mí,
late una fuerza inquebrantable.*

*Con cada lucha,
los eslabones se agrietan,
y la oscuridad que me envuelve,
cede ante la luz.*

*Soy más que estas cadenas,
más que las sombras que me detienen.
Rompo, florezco, y respiro libertad.*

*En la tierra que piso,
crece una nueva esperanza.
Soy libre, soy poder,
soy invencible."*

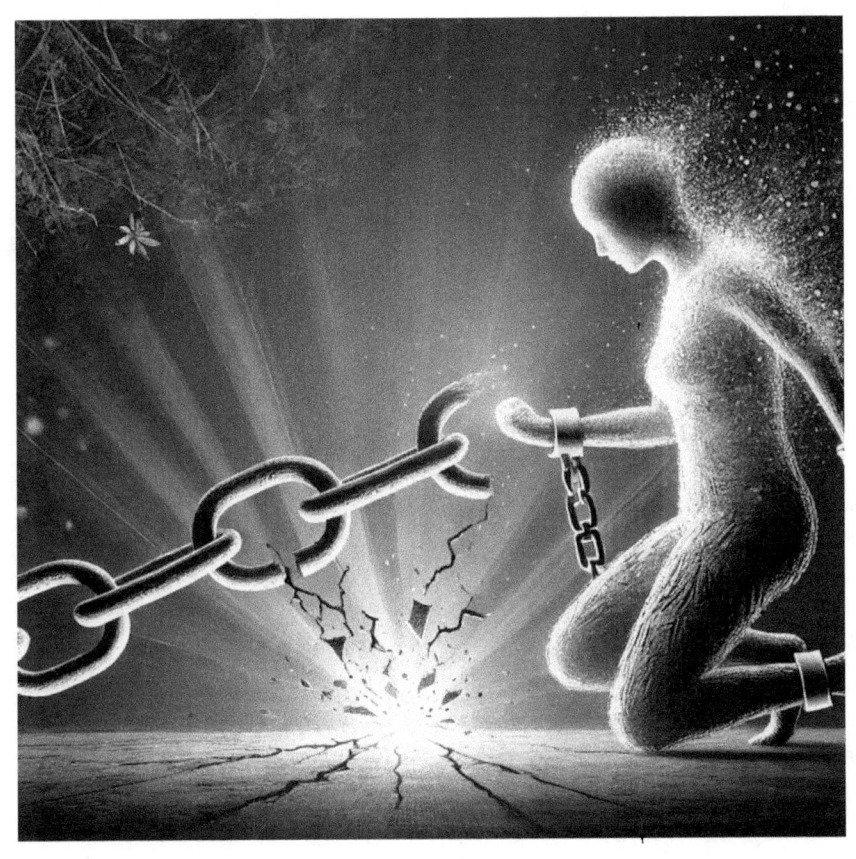

*Una figura se eleva desde la sombra, rompiendo cadenas que nunca se vieron pero siempre pesaron. Cada eslabón cae como polvo al viento, mientras sus manos se abren hacia la luz. Ya no es prisionera: es un destello de libertad que florece al renacer.*

## Capítulo 2: Despertar del Poder

**"Cada paso que doy, rompe los muros de mi destino."**

*"He cargado cadenas invisibles, pero dentro de mí siempre ardió un fuego latente.*

*Hoy, las grietas se abren y, con cada paso, rompo lo que me detenía. Lo que antes fueron sombras ahora se convierte en impulso.*

*Florezco, como quien ha atravesado la oscuridad más profunda y finalmente despliega sus alas.*

*Soy fuerza, nacida del abismo.*
*Soy poder, forjado en cada lucha.*
*Soy libertad, eterna y luminosa."*

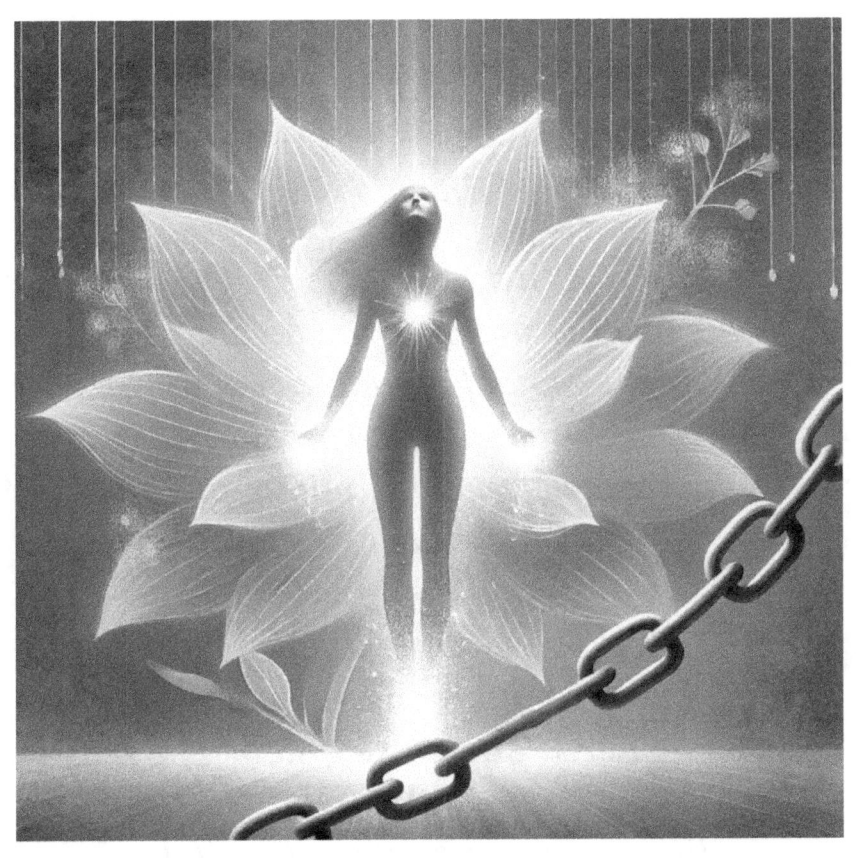

*Una silueta avanza firme mientras las paredes se derrumban a su paso, como viejas barreras que ya no pueden contenerla. Cada fragmento que cae revela un nuevo camino, y entre los escombros, nace la libertad.*

*Capítulo 3: Fuerza Interior*

**"Florezco, como quien ha visto demasiada oscuridad, y ahora vuelo libre."**

*"Fuerza Interior"*
*"De las sombras me levanto,*
*con el peso del mundo a mis pies.*
*Las cadenas se rompen,*
*y la luz me envuelve, anunciando mi renacer.*

*No soy lo que dijeron,*
*soy lo que siempre supe:*
*Fuerza que no se quiebra,*
*fuego que arde sin miedo,*
*libertad que no conoce límites.*

*Hoy florezco,*
*dejando atrás el temor,*
*sin barreras que me frenen,*
*sin fronteras que me definan.*

*Este es mi momento,*
*una declaración de vida,*
*donde cada paso es un eco*
*de la verdad que habita en mí."*

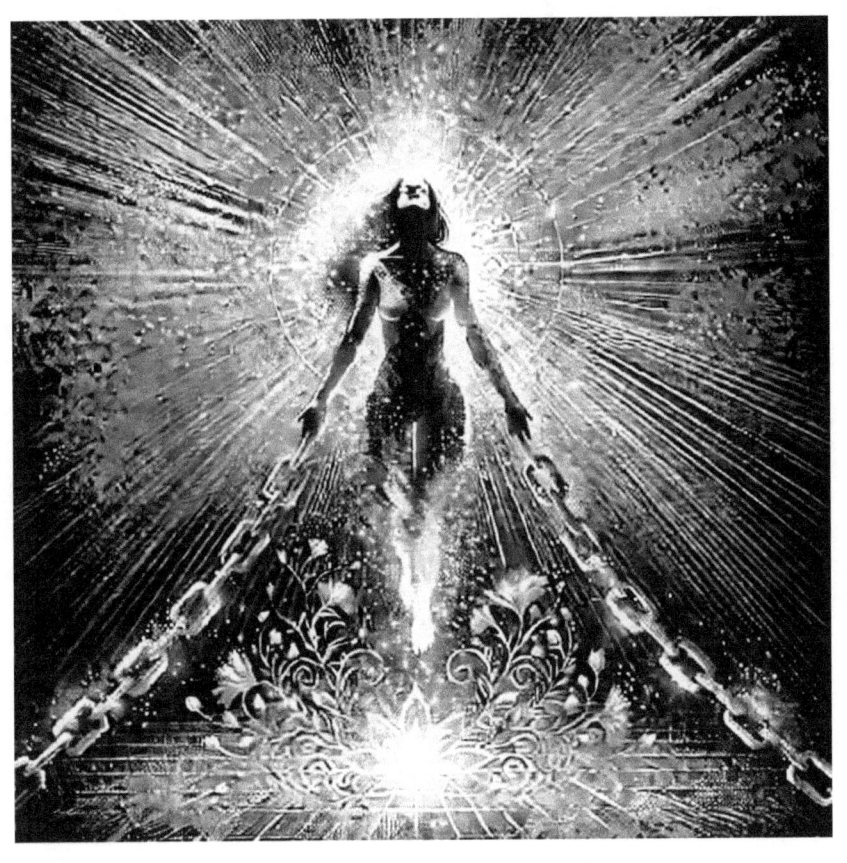

*Una figura despliega sus alas y, al rozar el aire, las sombras se desvanecen como niebla al amanecer. En su vuelo, lleva la luz que siempre estuvo dentro, irradiando libertad en cada batir.*

*Capítulo 4: Renacer*

**"Con cada grieta que se abre, se libera un nuevo poder."**

*"De los escombros me levanto,
donde antes hubo silencio,
ahora resuena mi voz,
firme, libre y sin temor.*

*Las cadenas se han roto,
y en mi pecho florece
el fuego ardiente
de un nuevo comienzo.*

*No hay marcha atrás,
ya no soy lo que fui.
Hoy soy raíz,
profunda y fuerte.*

*Hoy soy alas,
libre para volar,
sin miedo al viento,
sin límites que me detengan."*

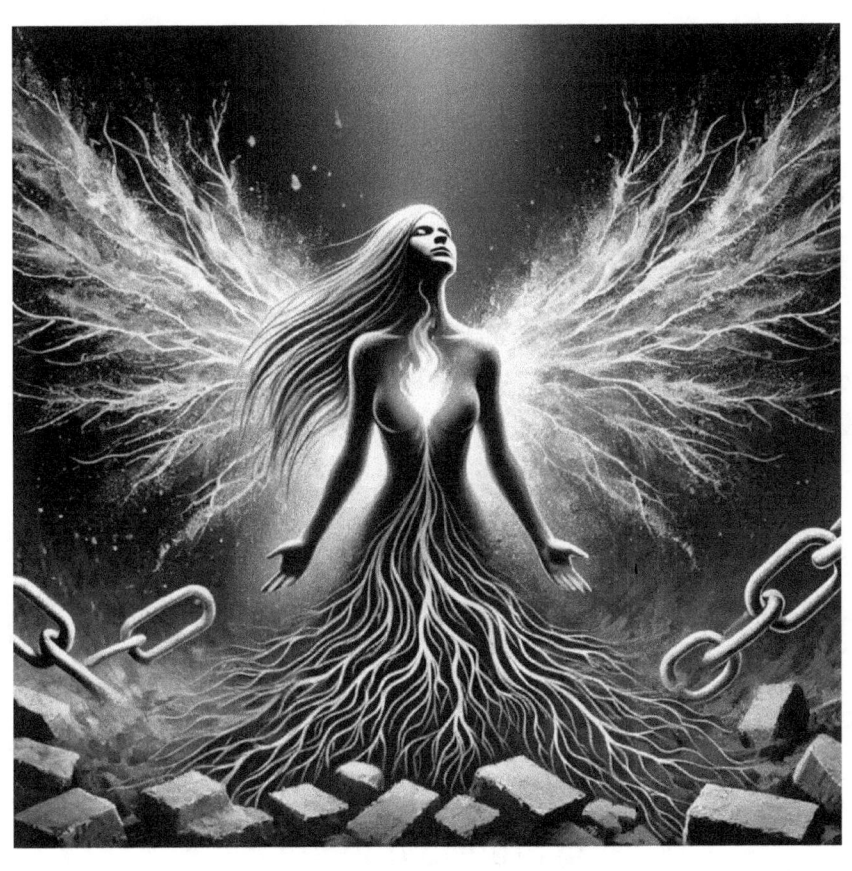

*Del suelo agrietado emergen flores de luz, como promesas que florecen donde hubo dolor. Cada grieta se convierte en un suspiro de vida, iluminando el camino hacia un nuevo comienzo.*

*Capítulo 5: Luz Inquebrantable*

*"Las sombras no me detienen, mi luz es inquebrantable."*

"Caí mil veces,
pero en cada caída,
sembré la semilla del mañana,
con fe en que un nuevo día brotaría.

Las sombras no me detienen,
porque mi luz es inquebrantable,
y mi raíz, profunda,
sostenida por todo lo que fui.

Hoy me levanto,
más fuerte que ayer,
más libre en mi esencia,
más yo, sin temor.

Este es mi renacer,
el fruto de mis caídas,
un vuelo que nace
desde lo más profundo de mi ser."

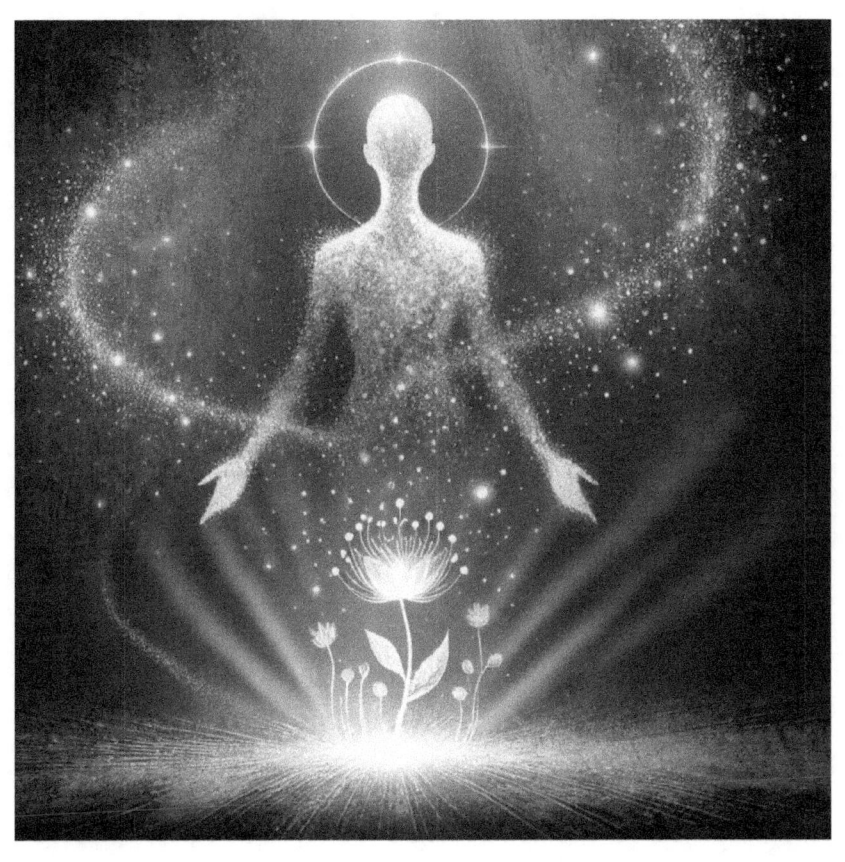

*Desde su núcleo, una figura femenina emana luz pura, deshaciendo las sombras que retroceden en silencio. Su brillo no solo ilumina, sino que revela la fuerza que siempre habitó en su interior.*

*Capítulo 6: Resurgir*

*"Cada caída fue una lección, y cada paso, un nuevo comienzo."*

*"De la grieta más profunda,
nace mi fuerza invencible.
Cada herida es raíz,
que me sostiene y me eleva.*

*Donde antes hubo sombras,
hoy florezco en luz plena.
Soy lo que creí imposible,
un sueño que cobra vida.*

*No hay límites en mi ser,
soy mi propio renacer.
Más fuerte, más libre,
más yo, en cada amanecer."*

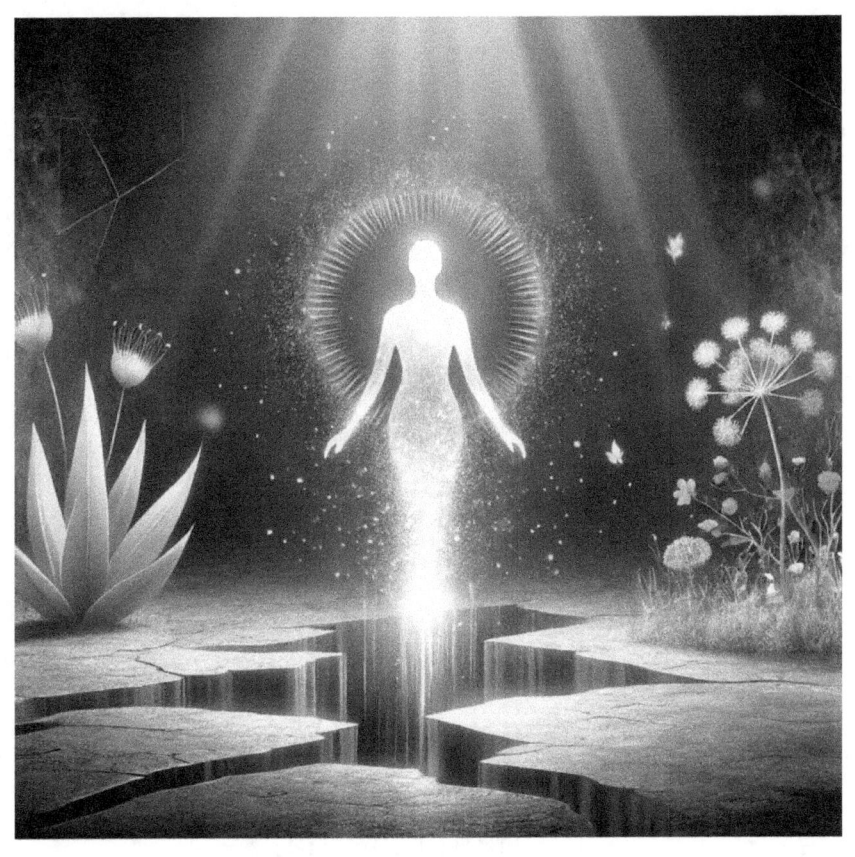

*De una grieta nace una silueta, desprendiéndose de la oscuridad como piel antigua. Con cada paso, deja atrás las sombras y avanza hacia la luz que la reclama.*

## Capítulo 7: Ascenso

***"Hoy renazco, volando más alto que nunca."***

"Desde lo más hondo,
me elevo con nueva fuerza.
Donde hubo cenizas,
hoy florece mi poder.

Soy el viento incansable,
que nunca se detiene.
La llama eterna,
que arde sin apagarse.

Hoy renazco en mi propia luz,
más fuerte, más libre.
Mi esencia brilla desde dentro,
guiándome hacia la transformación.

No hay sombra que me alcance,
ni caída que me detenga.
Soy el inicio y el renacer,
una promesa de libertad eterna."

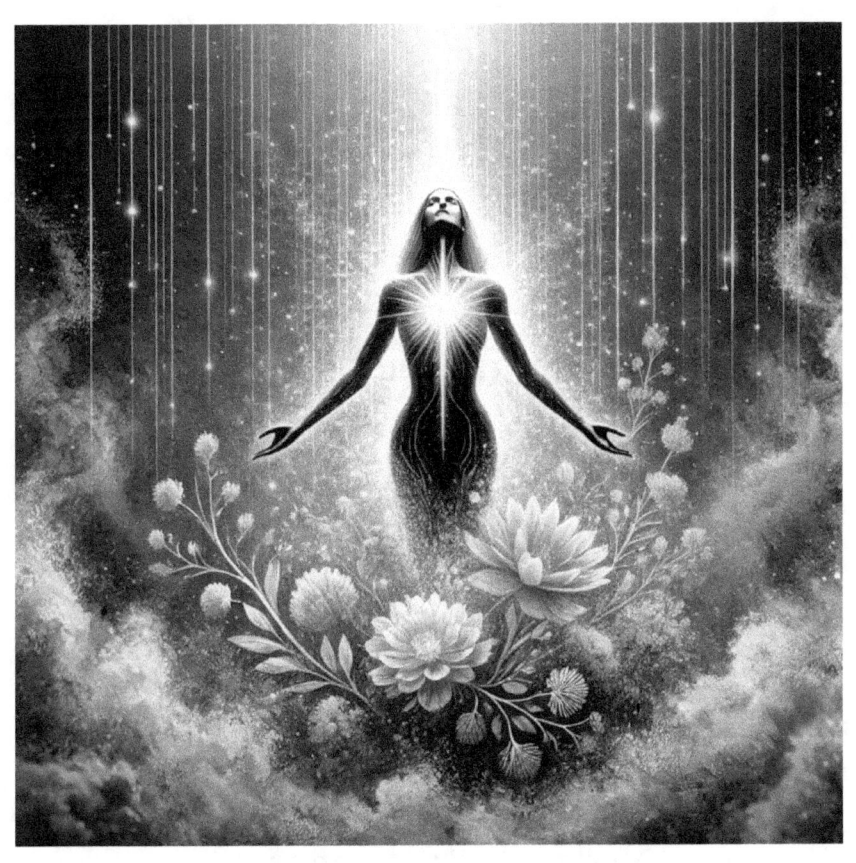

*Entre los escombros del ayer, una figura se alza, ligera como el viento. Deja atrás el peso del pasado, fundiéndose con el cielo, donde la esperanza renace.*

Capítulo 8: Invencible

*"Soy más fuerte de lo que pensé, más libre de lo que imaginé."*

"Cayeron muros frente a mí,
pero no me detuve.
Entre los escombros,
encontré mi fuerza oculta.

Soy más fuerte de lo que pensé,
más libre de lo que imaginé.
Cada caída fue impulso,
cada obstáculo, una lección.

Hoy, me levanto sin miedo,
con la certeza de quien ha vencido.
Nada puede detenerme,
ni muros, ni sombras del pasado.

Soy mi propia victoria,
una fuerza inquebrantable,
libre para ser,
y seguir mi camino sin límites.."

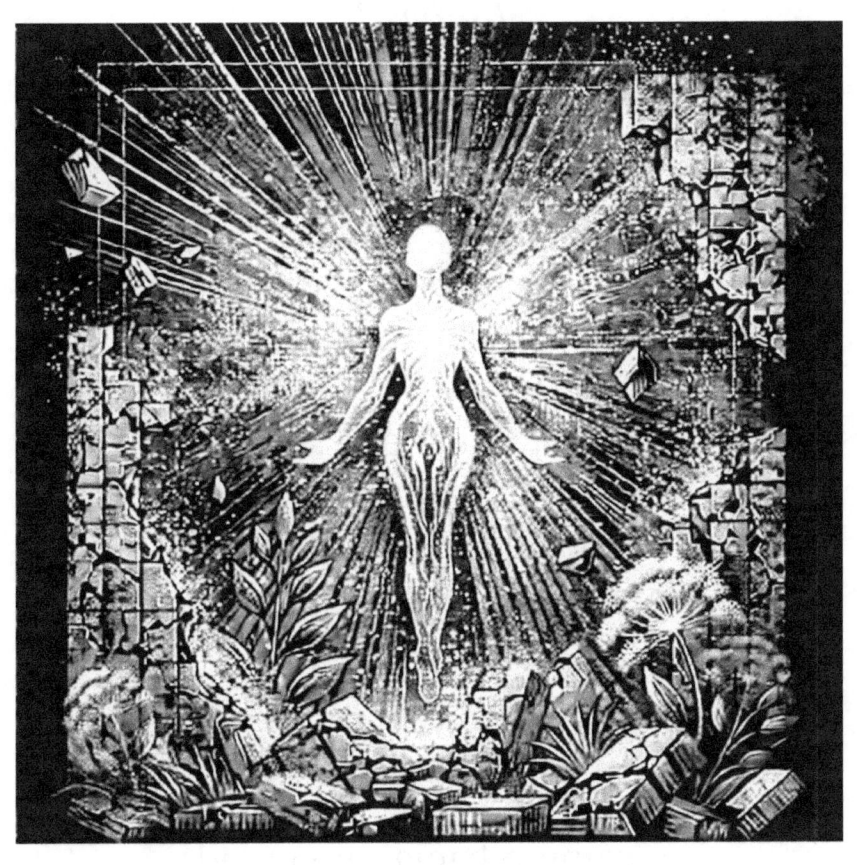

*Entre ruinas se abre camino, paso firme, alma enardecida, la figura avanza, invencible, del polvo brota su nueva vida.*

*Capítulo 9: Sin Límites*

***"Hoy florezco en luz, sin miedo, sin límites."***

"Me levanté de cada caída,
más fuerte, más libre.
Las barreras cayeron,
y descubrí que no hay límites.

Soy todo lo que soñé,
más allá de lo que me dijeron.
Hoy, no hay frenos ni miedos,
porque soy mi propia fuerza.

Cada paso es un triunfo,
cada logro, un renacer.
He dejado atrás las dudas,
y camino hacia mi verdad.

Hoy, soy imparable,
con el alma en libertad,
lista para conquistar
lo que siempre supe que era mío."

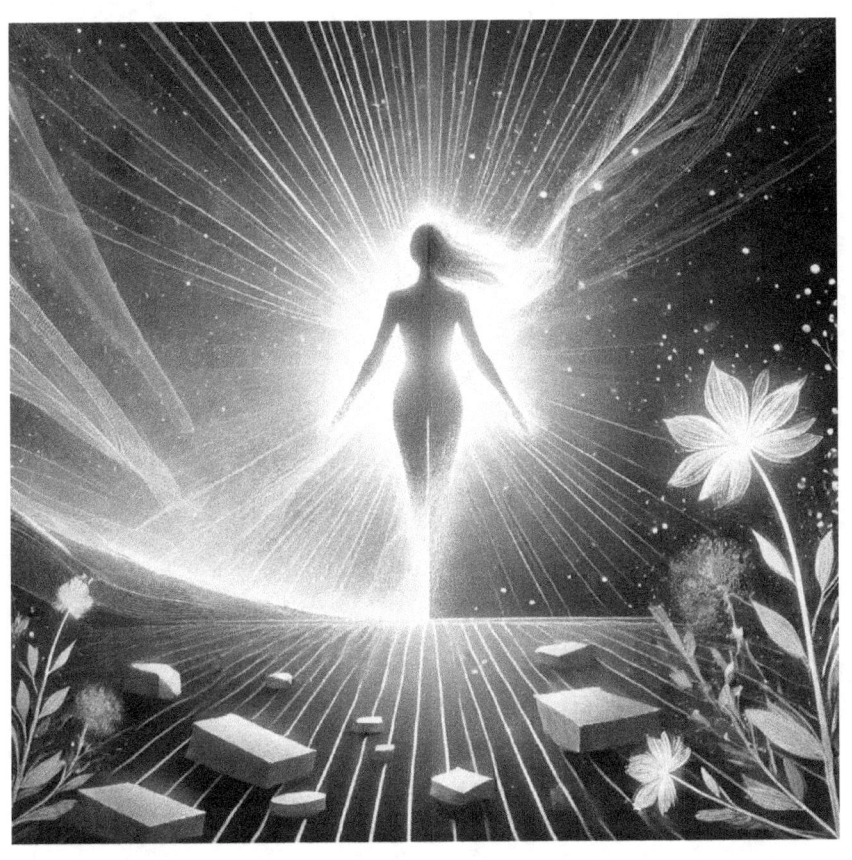

*De su pecho brota una flor inmensa,
raíces en el ayer, pétalos en el mañana.
Avanza entre ruinas, con pasos serenos,
su alma florece, sin límite ni fin.*

*Capítulo 10: Renacer en Luz*

**"Mi luz no se apaga, renazco una y otra vez."**

"En las cenizas del ayer,
encontré mi fuego ardiente.
Cada herida fue maestra,
y me hizo más fuerte.

Ya no temo a la oscuridad,
pues llevo mi propia luz dentro.
Donde antes hubo miedo,
hoy habita mi renacer.

Soy el comienzo y el cambio,
la fuerza que no se apaga.
Hoy renazco,
más libre, más plena.

Hoy soy infinita,
sin límites ni fronteras,
una llama eterna
en constante transformación."

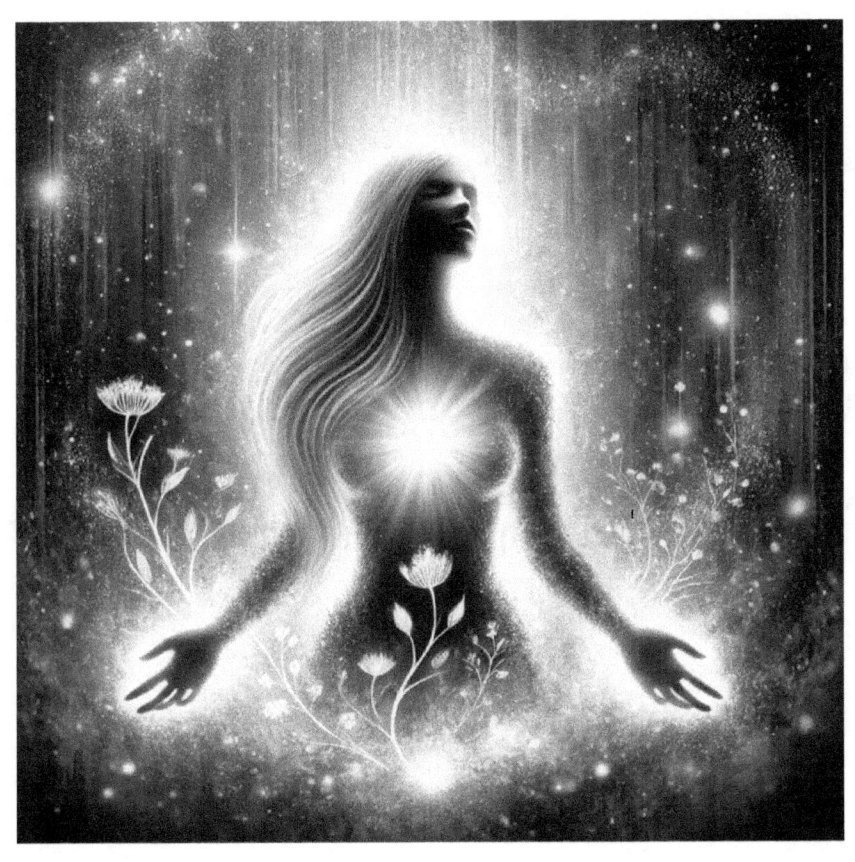

*Envuelta en luz, la figura respira. El pasado se disuelve en su fulgor. Con un solo paso, el universo espera: renacer, avanzar, ser siempre mayor.*

*Capítulo 11: Fortaleza*

***"De las ruinas construí mi camino, cada paso me hizo más fuerte."***

"De las ruinas construí mi camino,
cada paso forjó mi fuerza.
Las cicatrices ya no son sombras,
sino el mapa de mi fortaleza.

Hoy, avanzo con certeza,
sin temor a lo que vendrá.
Soy mi propio faro,
brillando en la oscuridad.

No busco salvación externa,
pues llevo en mí la respuesta.
Soy mi propia fuerza,
mi guía en cada paso.

Cada caída fue una lección,
cada herida, un crecimiento.
Hoy soy imparable,
renacida en mi poder."

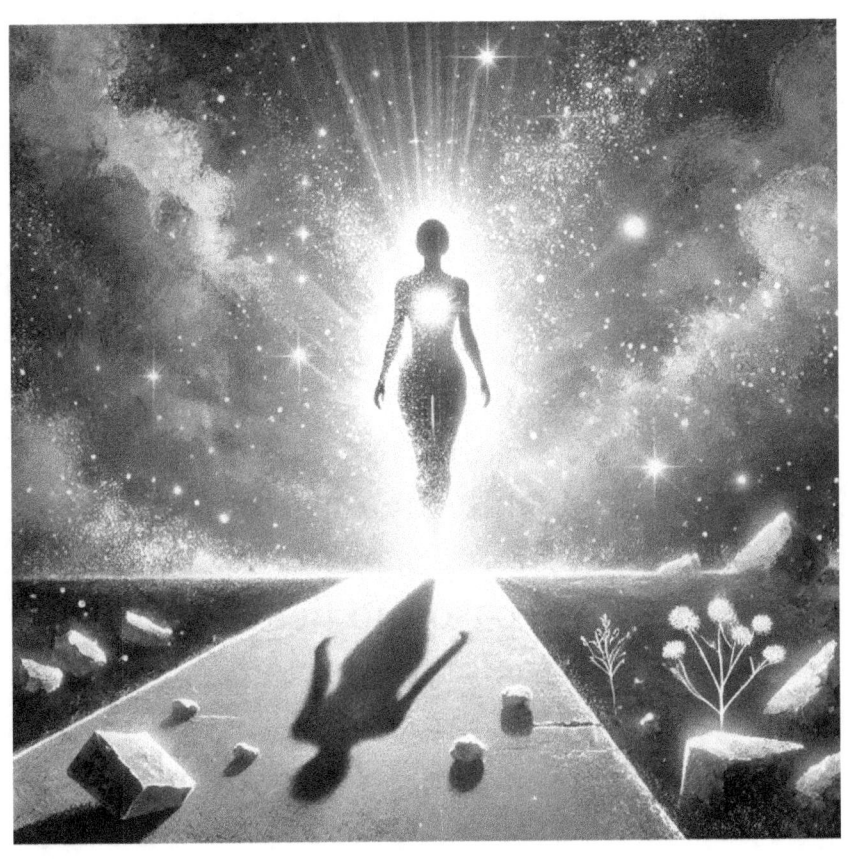

*Sobre piedras rotas camina la silueta, cada paso enciende destellos de luz. De la fractura nace el brillo, y en la oscuridad, su andar se vuelve rumbo.*

## Capítulo 12: Imparable

***"Cada caída, fue el impulso para levantarme más fuerte."***

"Aunque los vientos me empujaron,
nunca dejé de avanzar.
Cada caída fue un impulso,
para levantarme más fuerte.

Hoy, mis pasos no tienen fin,
sin miedo a retroceder.
Soy imparable,
una fuerza que no se detiene.

Soy eterna en mi camino,
sin límites que me frenen.
Cada tropiezo fue una lección,
cada lucha, un renacer.

Ahora avanzo con convicción,
llevando en mí la certeza,
de que soy mi propia guía,
y mi poder no tiene final."

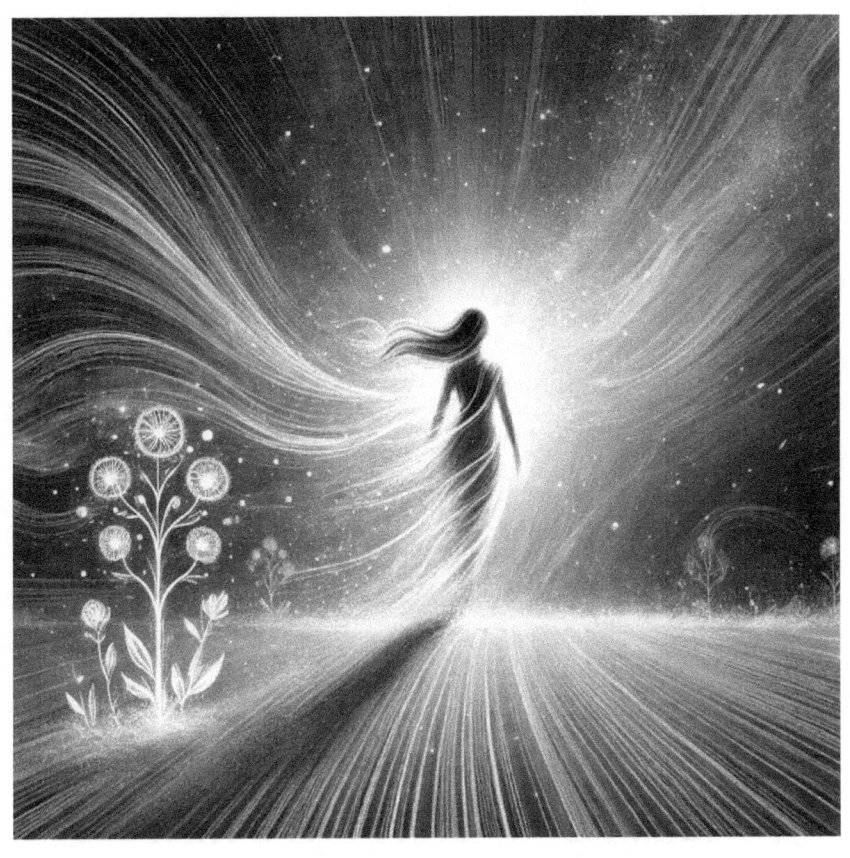

*Contra el viento ruge su paso firme, su silueta brilla desde lo más profundo. Cada ráfaga intenta detenerla, pero su luz es faro en medio del mundo.*

*Capítulo 13: Resiliencia*

***"Hoy me levanto,***

***más fuerte, más libre."***

"Del suelo me levanté,
más fuerte que antes.
Cada cicatriz que llevo
es una historia de victoria.

Hoy, el miedo a caer se ha ido,
porque conozco mi poder.
Sé que puedo levantarme,
una y otra vez, sin rendirme.

Cada caída es un paso más,
una lección en mi camino.
No importa cuántas veces tropiece,
siempre me alzaré más fuerte.

Soy mi propia fortaleza,
una voluntad inquebrantable.
Hoy avanzo sin miedo,
porque el renacer es parte de mí."

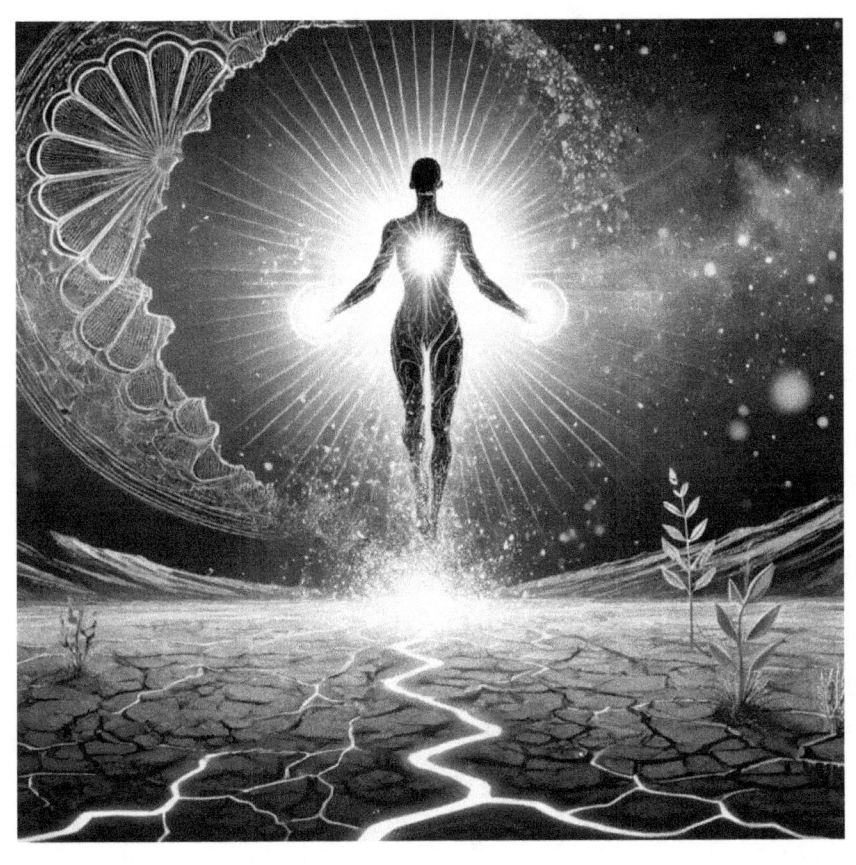

*Grietas de luz surcan su camino, cicatrices que cuentan batallas vencidas.*

*Cada destello es un obstáculo roto, un fragmento más de su fuerza encendida.*

*Capítulo 14: Alas de Fuego*

**"Soy mi propio fuego, mi propia luz, y nada puede detenerme."**

"De la oscuridad emergí,
con la fuerza de mil soles.
Cada caída fue una lección,
y cada paso, un nuevo comienzo.

Hoy, mi luz no se apaga,
brilla constante en mi interior.
No temo al ciclo de la vida,
pues en cada final hay renacer.

Soy el fuego que nunca se extingue,
una llama eterna que arde sin cesar.
Renazco una y otra vez,
más fuerte, más libre, más yo.

Mi camino es infinito,
y mi esencia, inmortal."

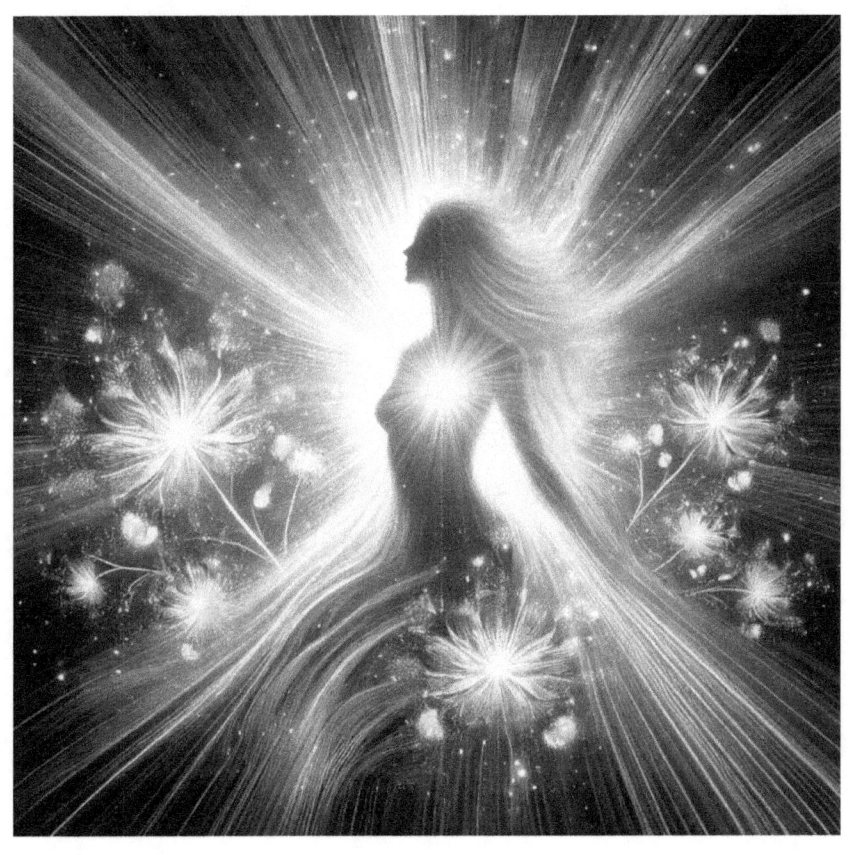

*Con alas de fuego se eleva la figura, llamas danzantes forjan su vuelo. Del abismo renace en llamas vivas, convertida en fuerza, luz y anhelo.*

*Capítulo 15: Invicta*

***"Cada caída, me enseñó a volar más alto."***

"Alas de Fuego"

"Fui cenizas,
pero de ellas, renací.
Cada herida se transformó en alas,
y ahora vuelo, indomable y libre.

Soy mi propio fuego,
la llama que arde desde dentro.
Soy mi propia luz,
brillando en cada paso que doy.

No hay límites que me frenen,
ni sombras que me apaguen.
Nada puede detenerme,
porque llevo en mí la fuerza del renacer.

Soy el ave que surge del fuego,
el ciclo eterno de transformación."

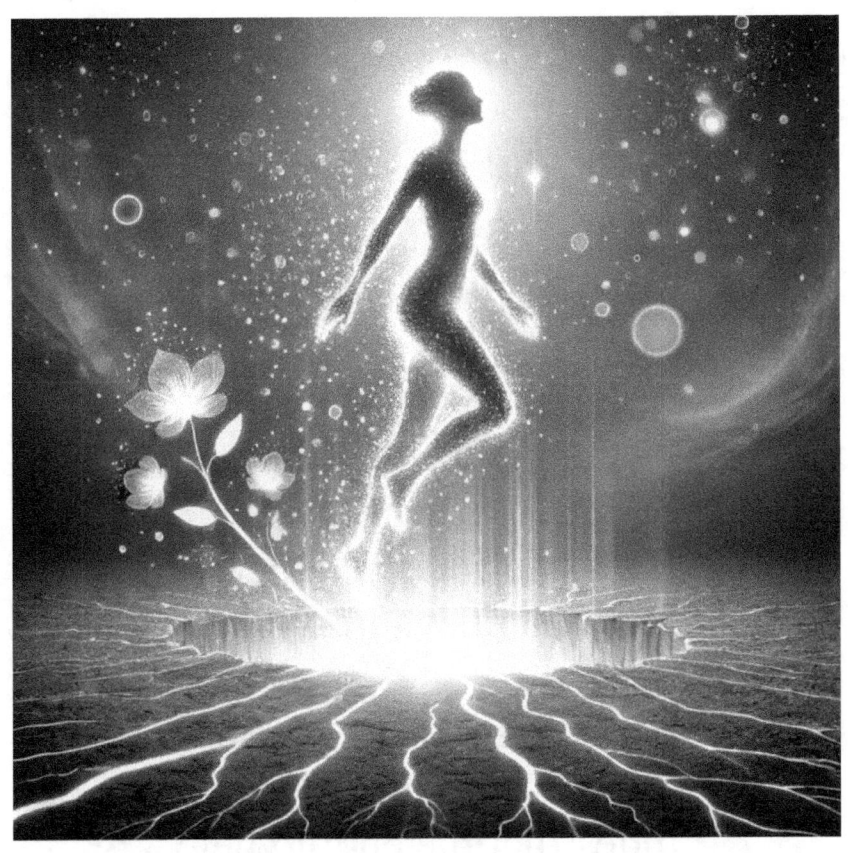

*Sobre las ruinas se alza la silueta, sus alas abiertas rozan el cielo. De lo quebrado surge su vuelo, libre, infinita, sin miedo ni duelo.*

*Capítulo 16: Eterna*

***"Soy eterna en mi renacer, indestructible en mi vuelo."***

"He caído y me he levantado,
más fuerte cada vez.
De cada fractura abierta,
nació una nueva luz brillante.

Soy eterna en mi renacer,
una fuerza que nunca se apaga.
Indestructible en mi vuelo,
libre para seguir avanzando.

Cada caída fue un paso más,
cada herida, un impulso al cielo.
Hoy no temo a las sombras,
porque mi luz nace desde dentro.

Soy invencible en mi camino,
una esencia que no se quiebra."

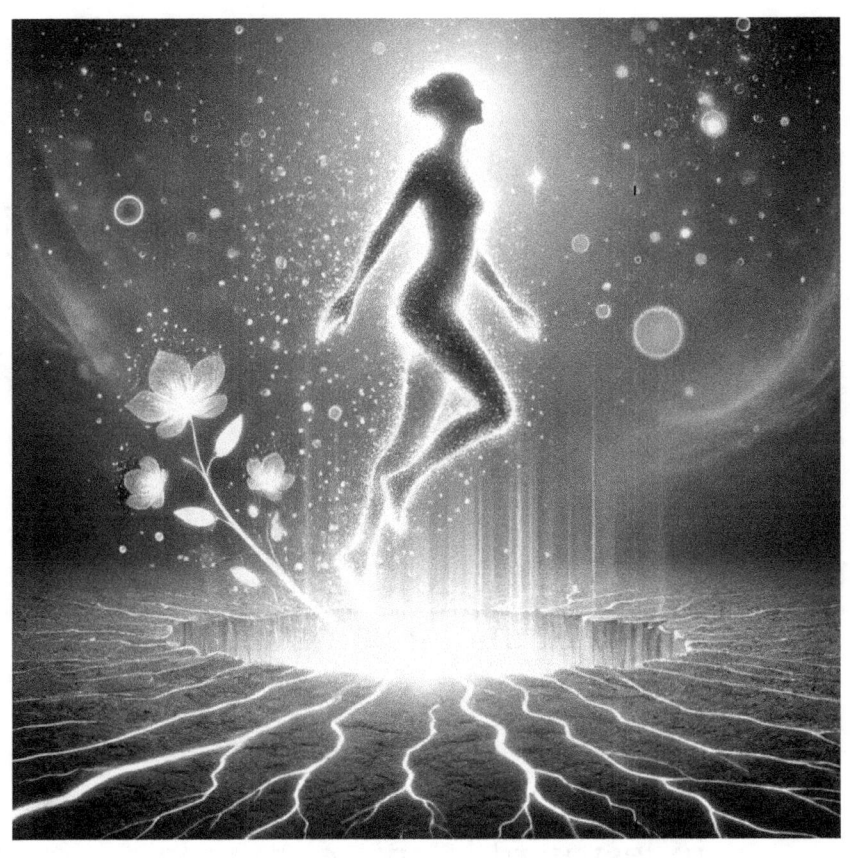

*Cada caída enciende su brillo, como estrella que renace del polvo. Se levanta, más radiante, más fuerte, pues en cada tropiezo descubre su oro.*

*Capítulo 17: Transformación*

***"Cada fractura, una nueva luz."***

"Cada golpe
forjó mi esencia,
y cada caída
me enseñó a volar más alto.

Hoy,
no temo al camino,
pues cada tropiezo fue mi maestro.

Soy invicta,
indestructible ante el mundo,
una fuerza que no se rinde,
una voluntad que nunca se quiebra.

Mi vuelo no tiene límites,
mi luz no conoce fin.
Soy el eco de cada batalla ganada,
una llama eterna que arde sin cesar."

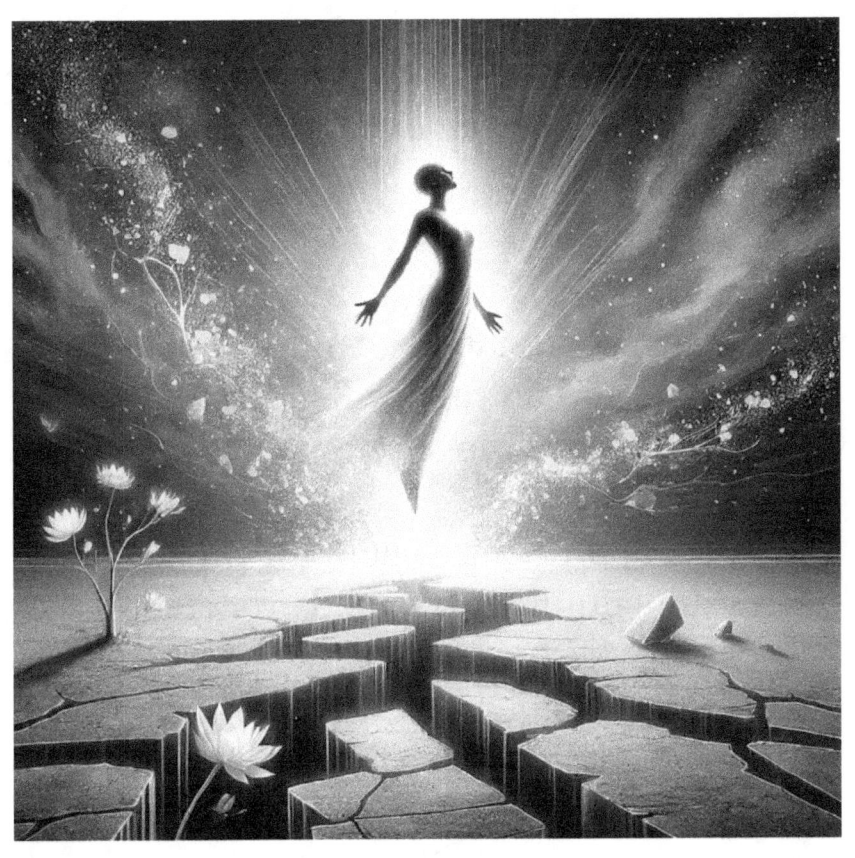

*De las grietas nacen flores y destellos, como secretos guardados en su interior. Cada fractura es un jardín abierto, donde el dolor florece en esplendor.*

*Capítulo 18: Poder Interno*

***"Mi poder nace desde el centro."***

"Dentro de mí,
se gestaba el cambio,
como un fuego silencioso
esperando su momento.

De la tormenta, nació mi calma,
un equilibrio que nada rompe.

Hoy, mi fuerza no tiene límites,
forjada en cada batalla.

Soy el caos superado, la paz tras el vendaval,
Nada me detiene, pues mi esencia es transformación.

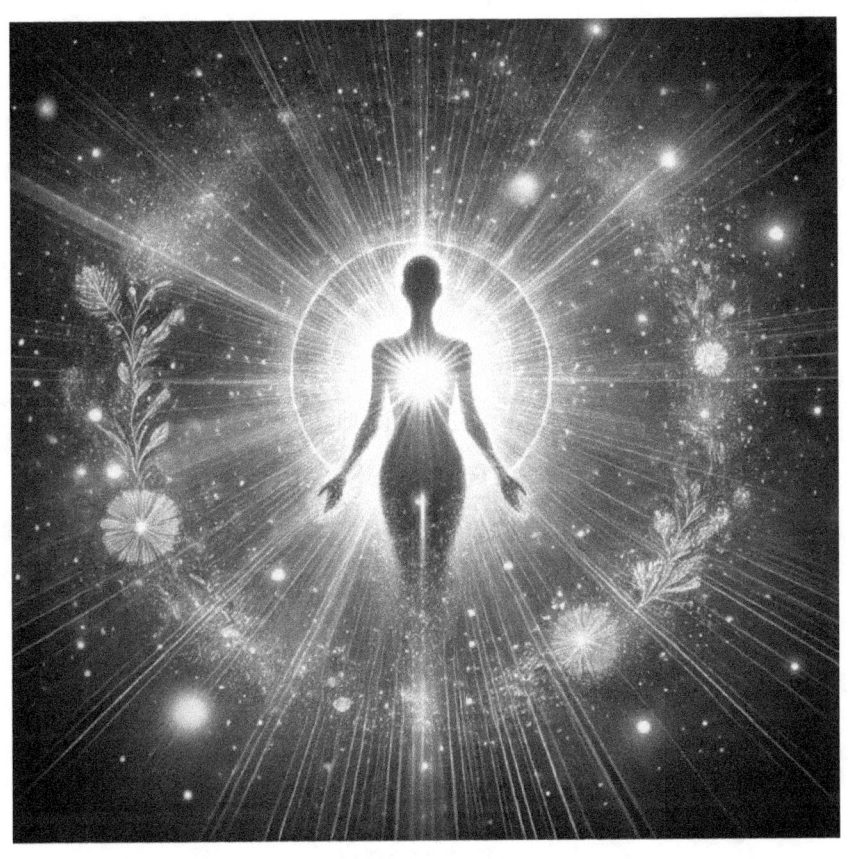

*Desde su núcleo, la luz estalla, ondas doradas abrazan la oscuridad. La silueta avanza, faro incansable, siendo ella misma claridad y verdad.*

*Capítulo 19: Libre*

***"Rompo las cadenas y vuelo alto,***

***libre, sin miedo."***

"De las cadenas que me ataron,
hice alas.
Cada obstáculo
se volvió mi impulso.

Hoy vuelo alto,
libre,
sin límites,
sin miedo.

Soy el viento a mi favor,
la fuerza que no se rinde.
Nada me detiene,
porque nací para volar."

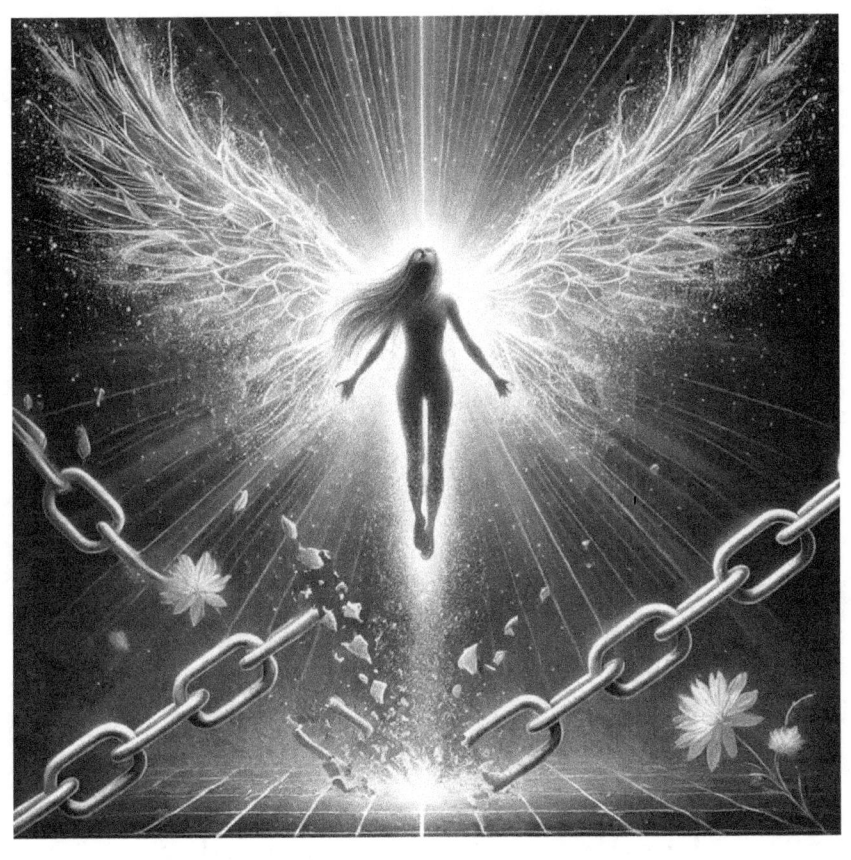

*Las cadenas se quiebran con un estruendo, y de su espalda surgen alas de luz. Libre, se eleva hacia lo infinito, dejando atrás sombras y cruz.*

*Capítulo 20: Fénix*

***"Soy el fénix eterno, volando más alto."***

"De las cenizas resurgí,
más fuerte que el fuego que me quemó.
Cada caída fue un renacer,
cada herida, un nuevo vuelo.

Hoy, me elevo como un
fénix eterno, renovada en cada ciclo.
No hay miedo que me detenga,
ni límites que me frenen.

Las llamas forjaron mis alas,
y el dolor se volvió impulso.
Vuelo más alto que nunca,
libre, invencible, infinita."

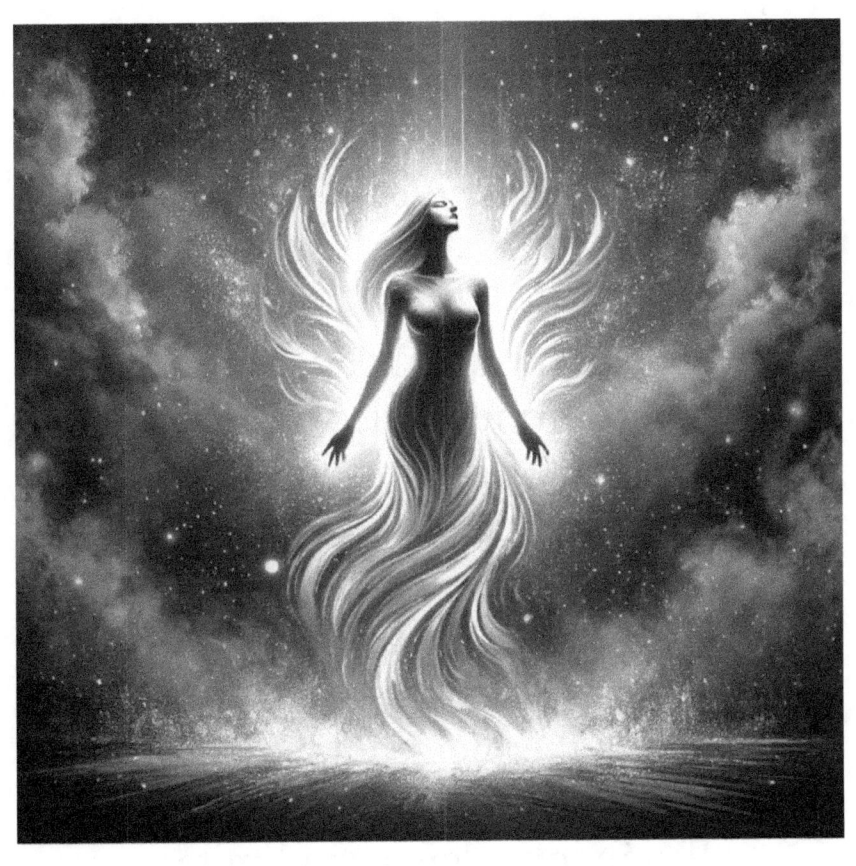

*De las cenizas se alza la silueta, con alas de fuego ardiendo sin fin. Renace en llamas, fuerte y eterna, como el ave que nunca deja de vivir.*

*Capítulo 21: Raíces y Alas*

**"Mis raíces me sostienen, mis alas me llevan lejos."**

"De las profundidades crecí,
con raíces firmes y alas desplegadas.
Cada paso me eleva,
cada caída me fortalece aún más.

Hoy,
mis raíces me sostienen,
dándome fuerza en la tierra.
Mis alas se abren al viento,
llevándome lejos, sin límites.

Soy equilibrio entre lo que fui
y lo que estoy destinada a ser.
Con cada caída, florezco,
y con cada vuelo, trasciendo."

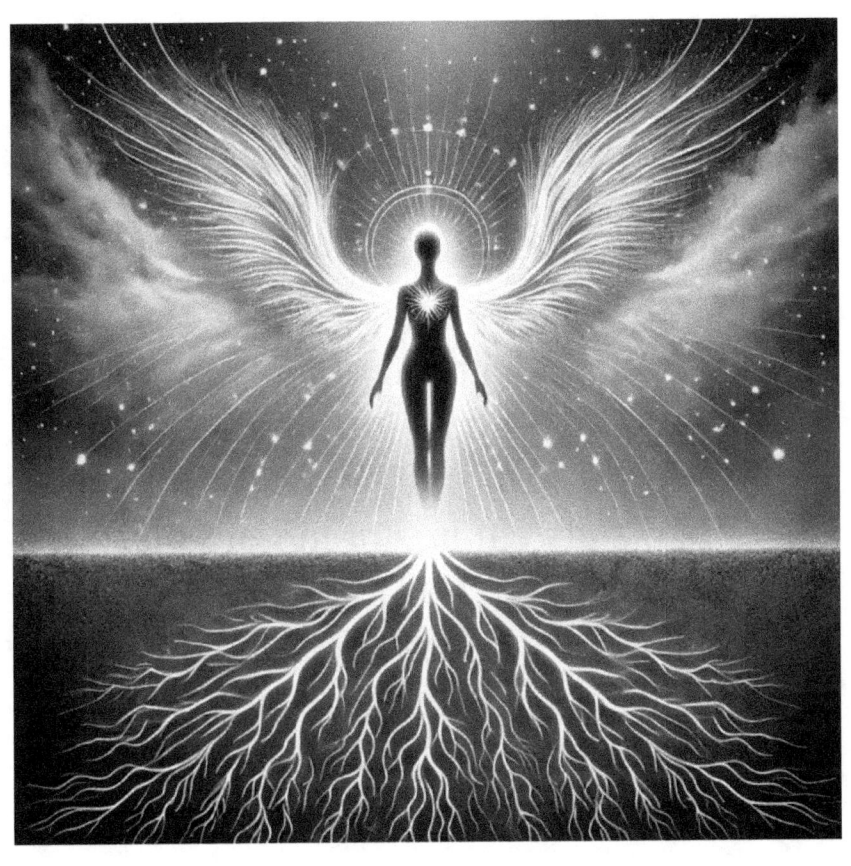

*Anclada al suelo con raíces profundas, sus alas se abren hacia el vasto cielo. Entre tierra y viento encuentra su esencia: ser firme en el mundo y libre en su vuelo.*

*Capítulo 22: Ascenso*

***"Cada paso me llevó más lejos de la oscuridad."***

"Cada paso que di
me alejó de la oscuridad.
De las sombras forjé mi luz,
y con cada caída, aprendí a volar.

Hoy,
subo más alto,
sin temor al abismo,
sin miedo a caer.

Cada tropiezo fue una lección,
cada herida, un impulso al cielo.
Ahora vuelo libre,
guiada por la luz que yo misma creé."

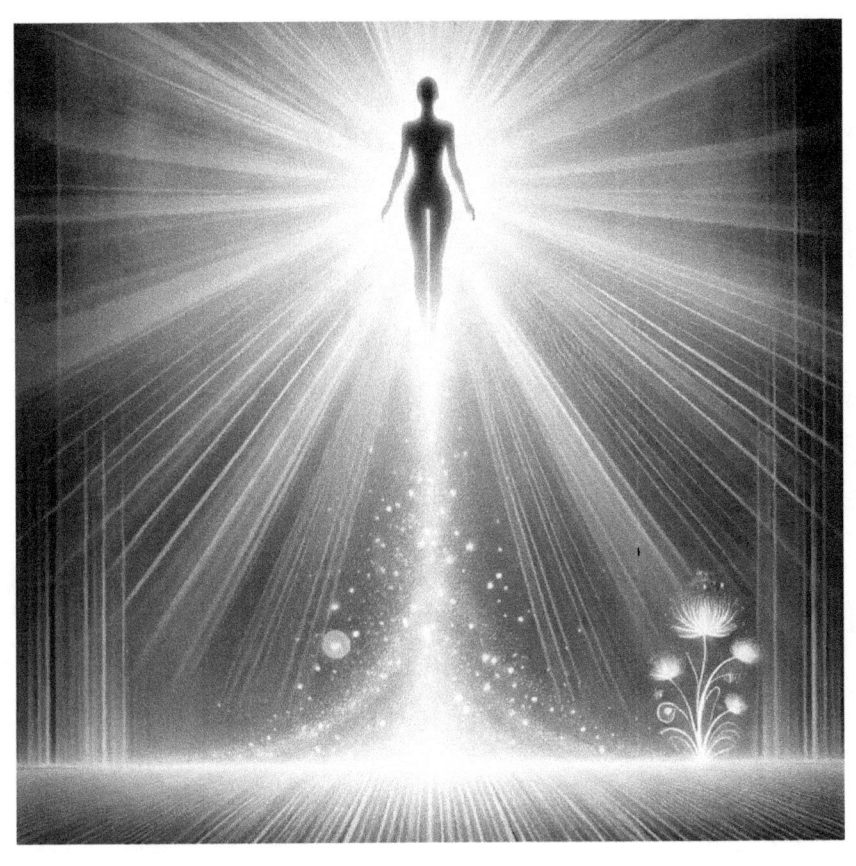

*La figura asciende, ligera y serena, dejando atrás sombras y peso mortal. Cada paso la acerca a la claridad eterna,*

*donde la luz la envuelve en su abrazo final.*

*Capítulo 23: Transformación Profunda*

***"De cada herida, nació una flor."***

"De cada herida,
nació una flor.
Cada golpe me moldeó,
hasta convertirme en mi propia fuerza.

Hoy,
ya no temo cambiar,
pues sé que de cada fractura
nace mi poder profundo.

Soy el resultado de cada caída,
y el renacer de cada batalla.
Donde hubo dolor, florece vida,
y donde hubo miedo, habita fuerza.

Avanzo sin temor al cambio,
porque en cada transformación
encuentro el impulso
para ser aún más fuerte."

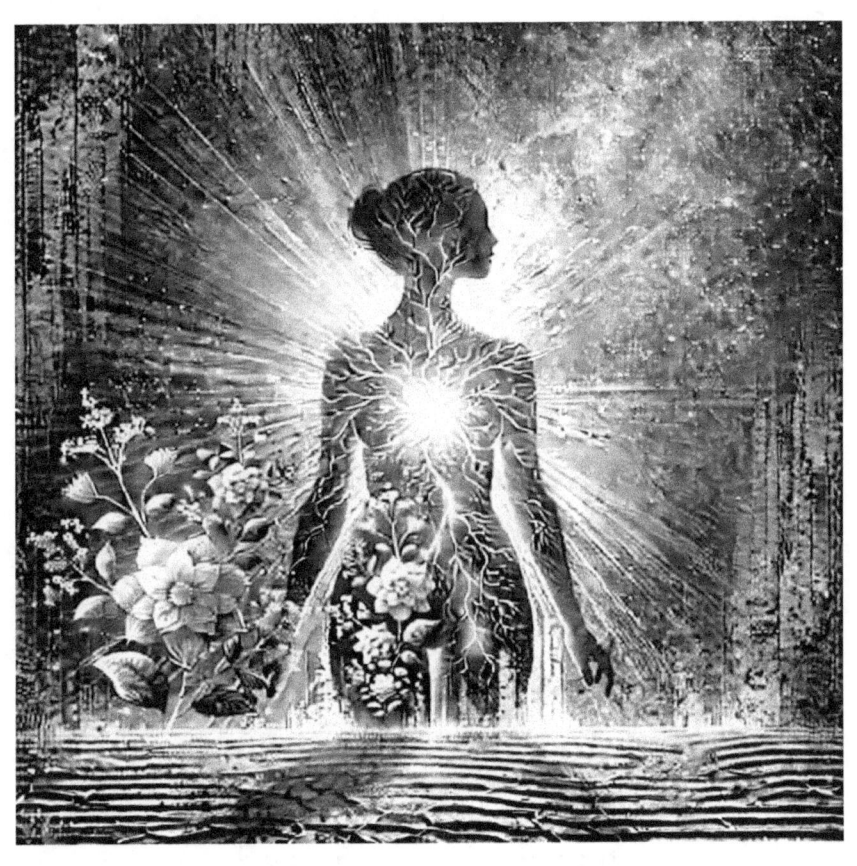

*De las grietas surge una flor radiante, pétalos de luz que abrazan su ser. Cada fractura se torna en vida, renacer brillante desde el amanecer.*

## Capítulo 24: Renacimiento

***"Renazco en cada herida, florezco en cada dolor."***

"De mis cicatrices,
brotó la vida.
Cada caída
fue el inicio de un nuevo vuelo.

Hoy,
renazco en cada herida,
florezco en cada dolor.

Las marcas del pasado
son testigos de mi crecimiento.
Donde hubo tropiezos,
ahora nacen alas.

Soy el resultado del renacer constante,
más fuerte con cada experiencia.
No temo al dolor,
pues de él surge mi transformación."

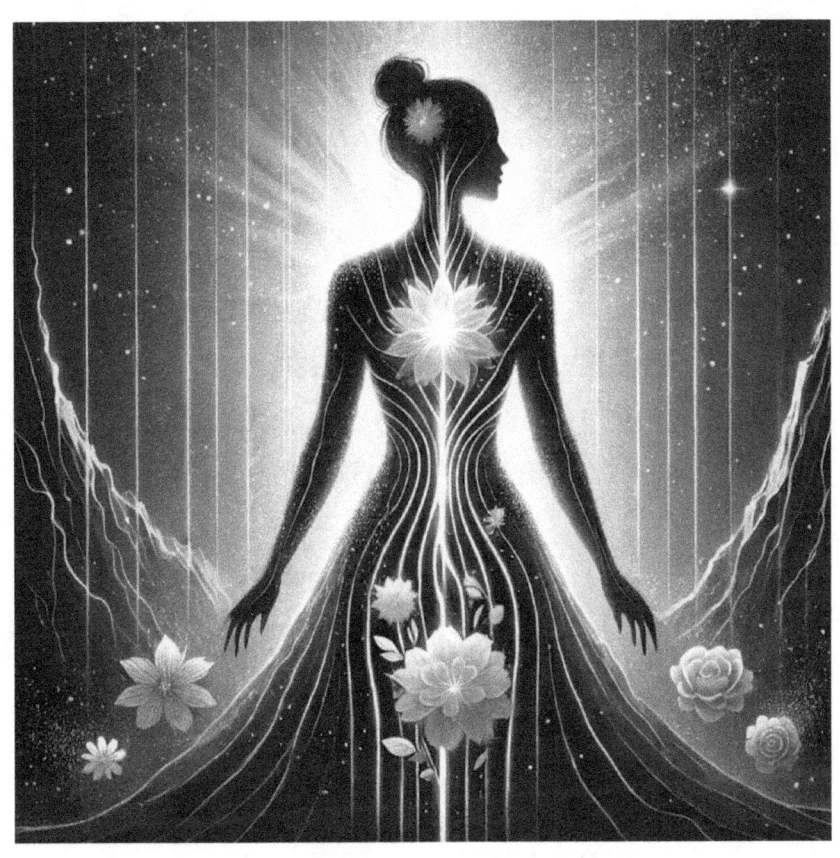

*De las cicatrices nace la silueta, frágil y fuerte en su renacer. Cada marca es un pétalo abierto, una flor que aprende a crecer.*

*Capítulo 25: Inquebrantable*

***"Soy indomable, soy eterna."***

"Del dolor hice mi armadura,
de la tormenta hallé mi calma.
Cada paso forjó mi fuerza,
cada caída me hizo invencible.

Hoy,
camino sin miedo,
con la certeza de quien ha vencido.

Soy indestructible,
sin límites ni temores.
Cada golpe fue impulso,
y cada herida, aprendizaje.

Ahora avanzo con convicción,
sabiendo que nada puede quebrarme,
porque mi esencia es firme,
y mi voluntad inquebrantable."

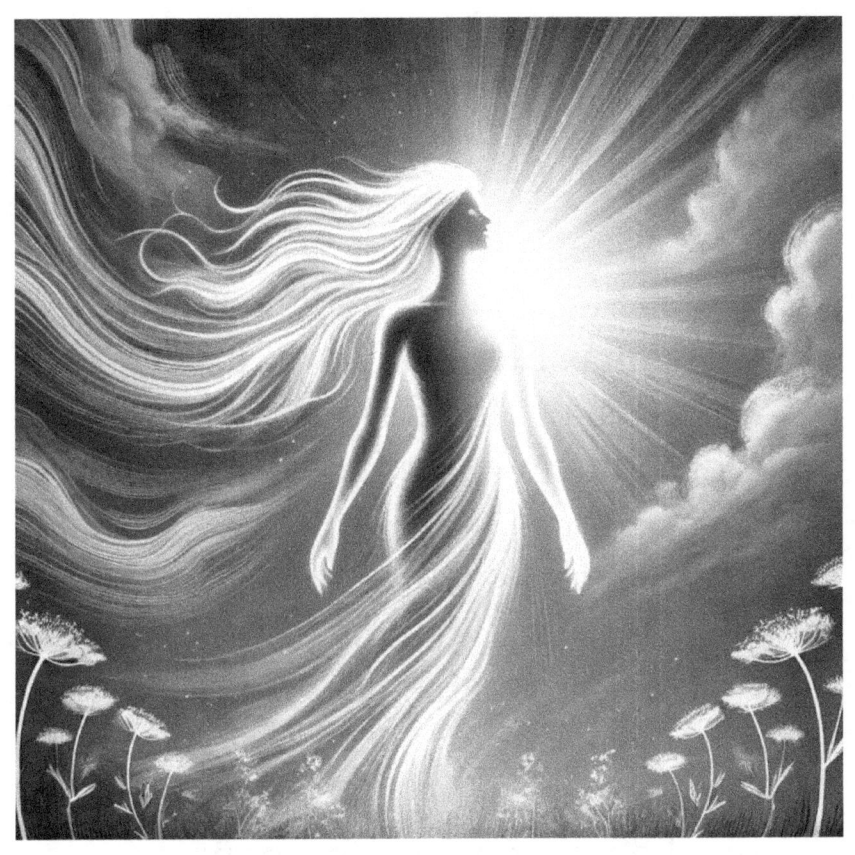

*Desde las cenizas se alza imponente, envuelta en un aura de luz inmortal. Cada brasa es fuerza renacida, cada destello, su vuelo final.*

*Capítulo 26: Resurgir del Caos*

***"De las sombras saqué mi luz."***

"De las cenizas me levanté,
más fuerte que nunca.
Cada golpe forjó mi ser,
cada caída me hizo inquebrantable.

Hoy,
mi fuerza no tiene límites,
soy indomable, soy eterna.

Las llamas no pudieron detenerme,
y el dolor se volvió mi impulso.
Soy el renacer constante,
una fuerza que no se apaga.

Avanzo sin miedo,
libre y poderosa.
Nada puede frenarme,
porque soy mi propia eternidad."

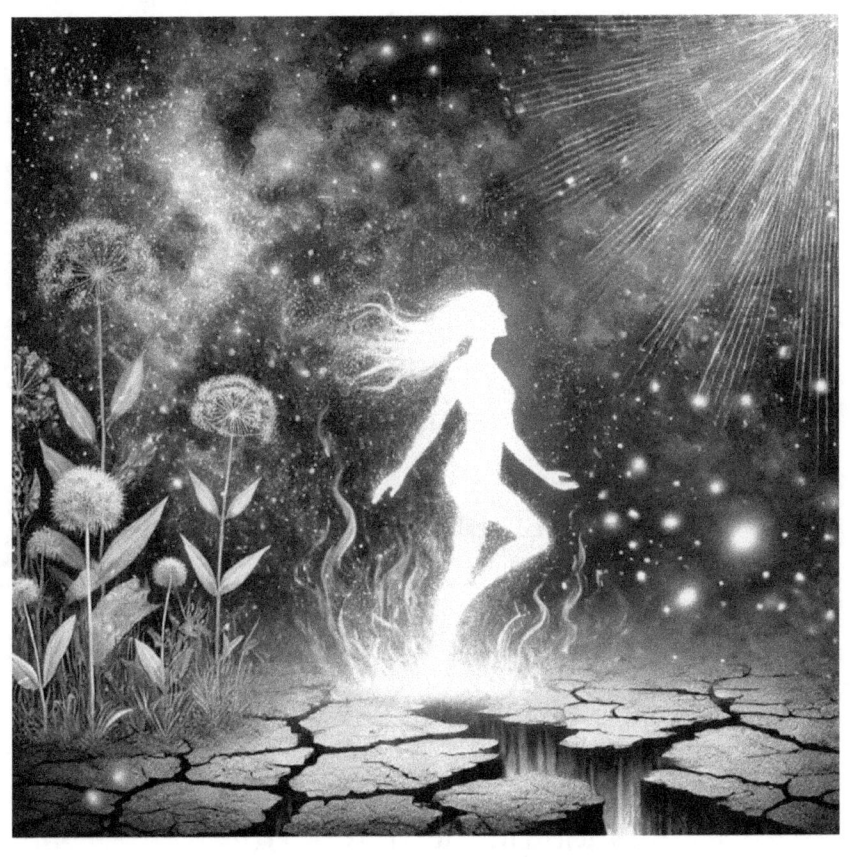

*De las sombras surge la figura, con cada paso, la oscuridad se disuelve. Lleva en su piel la noche vivida, pero en sus ojos, la aurora resplandece.*

*Capítulo 27: Invencible ante la Tormenta*

***"De la tormenta, encontré mi calma,***

***soy invencible."***

"Del caos encontré mi calma,
y de cada sombra saqué mi luz.
Cada caída fue un impulso,
cada cicatriz, un renacer profundo.

Hoy,
camino con la fuerza de quien ha resurgido,
imparable, invencible.

Nada puede detenerme,
pues del dolor forjé mi esencia.
Soy el equilibrio entre la tormenta y la paz,
el renacer constante en cada paso.

Avanzo sin temor,
libre y poderosa,
sabiendo que de cada sombra
surge siempre una nueva luz."

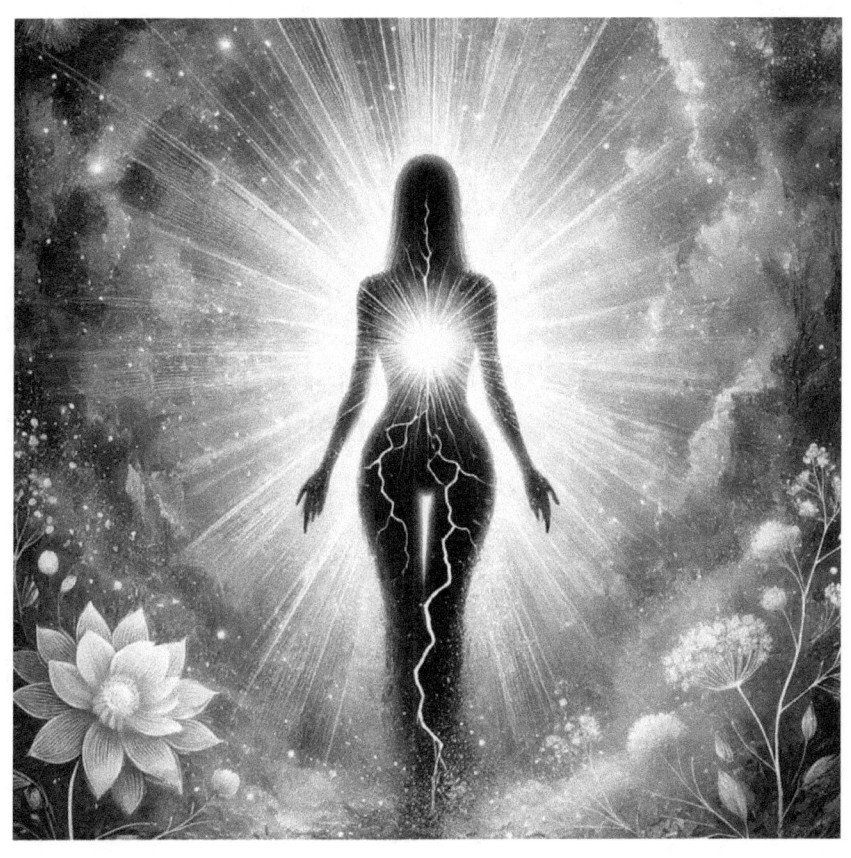

Sobre la tormenta vuela la figura, sus alas de luz cortan el cielo. Entre truenos encuentra el silencio, y en la tempestad, su vuelo eterno.

*Capítulo 28: Evolución Constante*

***"Soy mi propia transformación,
evolucionando con cada paso."***

"De la tormenta hice mi hogar,
y cada viento me enseñó a volar.
Las cicatrices que llevo
son las alas que hoy me elevan.

Soy invencible,
renazco de cada caída,
más fuerte,
más libre.

El dolor no me detiene,
me impulsa hacia lo alto.
Soy la fuerza nacida del caos,
una voluntad que nunca se apaga.

Hoy vuelo sin límites,
con el alma renovada,
porque de cada fractura
surge mi libertad eterna."

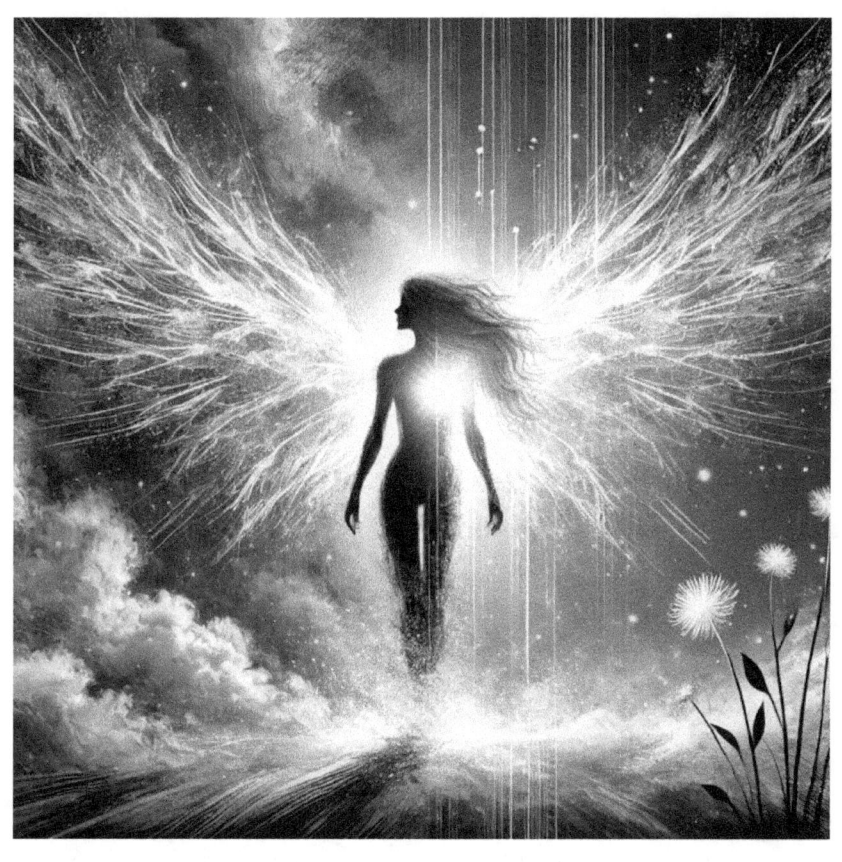

*Paso a paso se transforma la figura, cada movimiento la reinventa y renueva. Avanza hacia la luz, dejando atrás sombras, siendo siempre quien fue y quien será.*

*Capítulo 29: Despertar Interior*

***"Cada paso me acercó a mi verdad, camino libre, guiada por mi luz."***

"Fui silencio durante mucho tiempo, pero aprendí a ser voz en medio de la quietud. Fui sombra, perdida en la oscuridad, pero descubrí una chispa interior que siempre brilló.

Cada paso que di me llevó más cerca de mi verdad, despojándome del miedo y las dudas. Ahora camino libre, sin barreras que me detengan, guiada por la luz que nace de mí.

Hoy soy mi propia transformación, cambiando y creciendo con cada movimiento. No temo al camino ni a sus desafíos, pues en cada paso encuentro un nuevo comienzo y en cada caída, una oportunidad para volar."

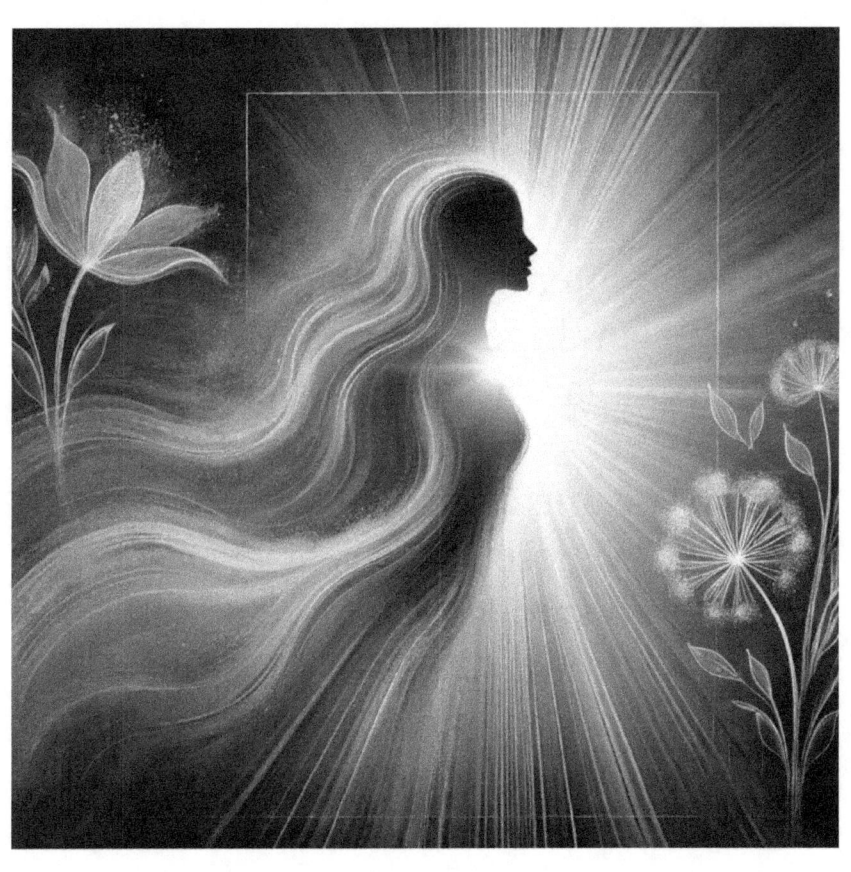

*PLa figura avanza, encendida por dentro, cada paso revela un brillo mayor. Como un faro en la niebla se mueve, siendo luz, camino y esplendor.*

*Capítulo 30: Despertar en Luz*

***"Dormí en las sombras, pero desperté en la luz."***

"Dormí en las sombras, donde el silencio era eco interminable y los sueños se desvanecían. En esa oscuridad, aguardaba una chispa: la verdad que aún no conocía.

Cada paso me acercó a lo incierto, y en cada caída descubrí mis alas. Desde el abismo aprendí a volar.

Hoy camino libre, sin miedo a la oscuridad, guiada por mi luz interior. Avanzo hacia mi verdad, donde la libertad es constante, y en cada paso, vuelvo a renacer."

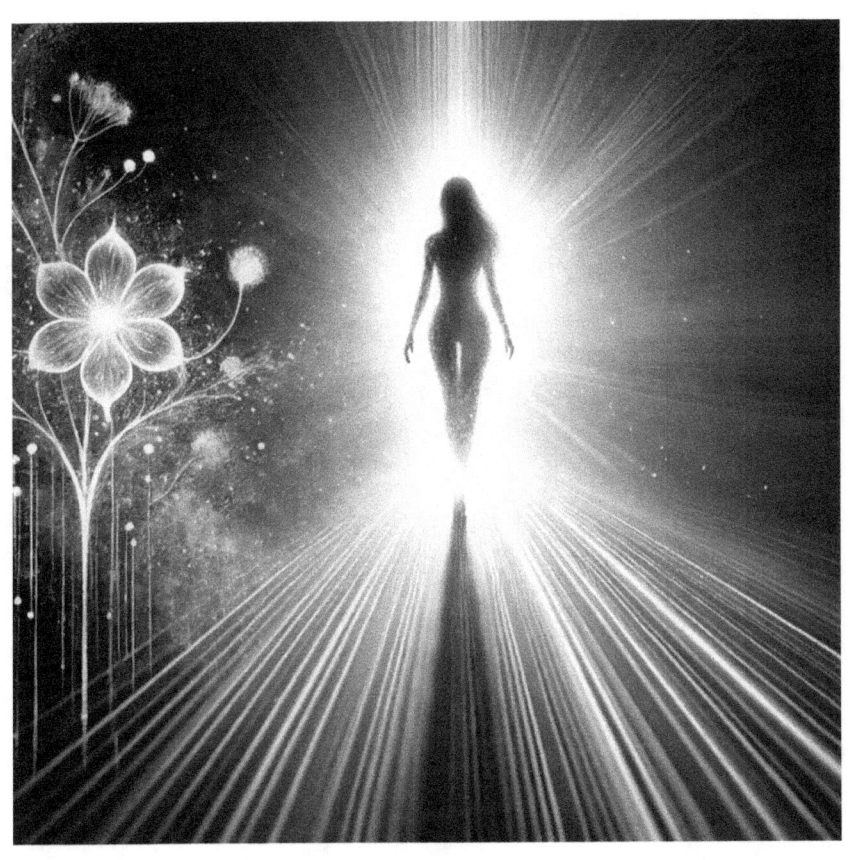

*Envuelta en luz, la figura femenina avanza, dejando atrás sombras que ya no la alcanzan. Brilla entera, libre y radiante, como el amanecer tras la noche errante.*

## *Conclusión*

*Cada capítulo de EcoSagrado □□ representa una etapa del viaje hacia la superación y el renacimiento interior. La combinación de poemas y arte visual convierte el libro en una experiencia multisensorial que invita al lector a encontrar su propia fuerza y libertad.*

## *Epílogo*

*Eco Sagrado es más que un libro; es un reflejo de las múltiples voces que habitan en nuestro interior. Al llegar al final de esta obra, quiero invitarte a reflexionar sobre lo que has experimentado en este viaje. Cada historia, cada emoción y cada símbolo tiene el propósito de resonar con algo profundo dentro de ti, despertando memorias, preguntas y quizás nuevas perspectivas.*

*Así como la naturaleza sigue su ciclo de vida, cada final es también un comienzo. Este cierre no marca el fin del camino, sino un nuevo punto de partida hacia una comprensión más profunda de quién eres. Tal vez las respuestas no sean inmediatas, pero los ecos que has encontrado aquí continuarán vibrando en tu interior, guiándote en momentos inesperados.*

*Espero que estas páginas hayan dejado una huella en tu corazón, recordándote que la transformación es un proceso constante y que, sin importar cuán oscuro pueda parecer el camino, siempre hay un eco de esperanza que nos llama a seguir adelante.*

*Este libro ha sido un tributo al poder de la memoria, la sanación y la conexión con nuestras raíces. Pero más allá de eso, es una invitación a que cada lector encuentre su propio eco sagrado, esa voz interna que siempre ha estado presente, esperando ser escuchada.*

*Gracias por haber recorrido este viaje conmigo. Confío en que las semillas plantadas en esta lectura florecerán en momentos de crecimiento y claridad en tu vida. Y así, aunque este libro llegue a su última página, el eco de sus enseñanzas seguirá resonando contigo, recordándote siempre que cada historia importa y que tu camino es sagrado.*

## Bibliografía Inspiracional

*Este libro, Eco Sagrado, ha sido posible gracias a la inspiración que encontré en múltiples fuentes de sabiduría, experiencias personales y enseñanzas que resonaron profundamente conmigo. A continuación, presento algunas de las influencias que guiaron la creación de esta obra:*

- *Textos Sagrados y Filosóficos: Las enseñanzas de tradiciones espirituales como el Budismo, el Hinduismo y el Cristianismo, que exploran la conexión del ser humano con lo trascendente.*

- *Autores Clásicos y Contemporáneos: Inspirada por la obra de Paulo Coelho (El Alquimista), Clarissa Pinkola Estés (Mujeres que corren con los lobos), y Eckhart Tolle (El Poder del Ahora), entre otros. Estos autores brindaron perspectivas sobre la introspección, el viaje personal y la conexión con el alma.*

• *Mitología y Folclore Universal: Las historias de la mitología griega, nórdica y celta, así como leyendas populares que hablan del ciclo de la vida, la muerte y la transformación.*

• *Naturaleza y Sabiduría Ancestral: La observación de los ciclos naturales y la sabiduría transmitida por culturas indígenas, que ven en la naturaleza un reflejo de nuestra propia esencia.*

• *Experiencias Personales: Momentos de introspección, desafíos superados y encuentros significativos que moldearon mi camino, dándole forma a las historias y enseñanzas que aquí comparto.*

- *Música y Arte: La inspiración encontrada en la música clásica, la pintura impresionista y la fotografía de paisajes naturales, que evocan emociones profundas y momentos de conexión espiritual.*

*Esta obra es una amalgama de experiencias propias y de sabidurías universales. Agradezco profundamente a todas las fuentes de inspiración, tanto humanas como espirituales, que enriquecieron mi vida y me motivaron a escribir este libro. Que estas páginas sean un eco de las enseñanzas que nos rodean y que todos llevamos dentro.*

www.ingramcontent.com/pod-product-compliance
Lightning Source LLC
Chambersburg PA
CBHW070354230526
45471CB00006B/2565